PIÈCES NOTIFIÉES PAR PEYRON

———

DIVERS

———

Lettre à M. Numa Gilly.

Chambre des Députés.   Treignac (Corrèze), 21 septembre 1888.

« Mon cher Collègue,

» Du fond de mes montagnes je suis avec intérêt les péripéties de la polémique que vous avez engagée avec quelques *écumeurs d'affaires*, qui déshonorent la République.

» Vous avez le public pour vous et surtout les honnêtes gens.

» Ayant pratiqué les Conventions, je vous adresse quelques notes qui pourront peut-être vous être utiles.

» Agréez, Monsieur et cher Collègue, l'assurance de mes sentiments les meilleurs.

» Signé : L. VACHER. »

Voici l'une de ces notes :

« Tripotage à la suite des Conventions. — Enhardi par le coup de main des Conventions, M. Raynal proposa à la Chambre de racheter la ligne d'Alençon à Condé pour une somme de quatre millions à payer par l'État, mais il avait eu soin de faire racheter en sous-main par la *Banque populaire de l'Opéra*, composée de ses amis.

» Rochefort a donné les noms dans ses « Notes pour servir à l'histoire de mon temps ». Les actions de cette ligne se vendaient au poids du papier. Je dénonçai le tripotage dans mon bureau : le projet fut retiré, et il n'a plus reparu et ne reparaîtra plus en feuilleton. »

Du même député, autre lettre en date du 6 novembre 1888. — « Je suis prêt à venir déposer devant la Cour d'assises de faits relatifs aux Conventions. Il serait essentiel que M. Lesguiller, ancien sous-secrétaire d'État aux travaux publics, député de l'Aisne, vint déposer. Il a tenu entre les mains un dossier où il y avait des reçus et dont on lui demandait 20,000 fr. Écrivez-lui d'urgence et dites-lui que je viens déposer.

» Signé : L. VACHER. »

Extrait des *Finances de Babylone,* par J.-A. Hubbard, député :

« L'État lié vis-à-vis des grandes Compagnies.. La majorité républicaine, soi-disant démocratique, devenue complice de la haute banque : tel est le passif. »

Voici ce que dit André DANIEL à l'occasion du vote des Conventions :

« Les passions furent même tellement surexcitées à un moment qu'un député républicain, M. Laisant, osa insinuer dans son journal, *le Radical,* que des pots-de-vin avaient été distribués à plusieurs membres de la majorité qui vota les Conventions. » (*L'Année politique,* 1883, page 25.)

Extrait de la *Fin d'un monde,* de Drumont (page 131) :

« Comparez cela aux..... Raynal qui n'avaient pas de bottes jadis et qui ont maintenant des hôtels, des villas, des coupés. Cela sans doute ne vaut pas les bons coups des Léon Say, des Léon Renault, des Granet, des Wilson, *des Raynal,* Bône et Guelma, les *Conventions,* mais cela aide à vivre. »

On lit dans les *Alpes Républicaines* du 28 septembre 1888 :

« Ce qui nous étonne, c'est que la polémique soulevée par les insinuations de M. Numa Gilly ait mis si longtemps à se produire, et que ce soient les paroles prononcées par ce député dans une réunion publique qui aient mis le feu aux poudres, plutôt que celles prononcées par M. Andrieux, député des Basses-Alpes, dans la réunion qui a eu lieu, il y a à peu près un an, au Casino de Sisteron.

» En parlant du ministère Rouvier, le député bas-alpin s'exprime ainsi : « *Voulez-vous que je vous parle de scandales, de concussions, de pots-de-vin,* » *de prévarications? Voulez-vous que je cite des noms?* »

» Ces paroles à l'adresse des Ministres d'alors, dont plusieurs font partie de la Commission du budget d'aujourd'hui, ne furent pas expliquées sur l'insistance de M. Proal, qui, étant l'ami personnel de Wilson, y avait évidemment intérêt. »

« Nous n'hésitons donc pas à dire que ce cadeau de 80 millions fait à la Compagnie de l'Ouest est une *infamie économique,* et que ceux qui ont accepté et voté une semblable stipulation étaient aveugles ou complices. » (*Nos Chemins de fer,* par Perdrié. Auguste Ghio, éditeur, page 146.)

A propos du rachat, rendu plus difficile, M. Perdrié déclare :

« Cette épée de Damoclès a toujours le don d'agacer singulièrement ces beaux messieurs des grandes Compagnies, et l'occasion de modifier les conditions antérieures trop défavorables à leurs yeux, d'émousser cette pointe dangereuse était trop belle pour qu'ils n'aient pas fait à MM. Raynal et consorts l'honneur d'accepter leurs *honnêtes propositions.* »

Nos Chemins de fer, page 149 :

« Cet exemple est précis et il suffirait à lui seul pour prouver la connivence de M. David Raynal avec les grandes Compagnies. Mais on ne saurait faire trop de lumière sur les agissements scandaleux de certains hommes politiques à cette époque. »

Nos Chemins de fer, page 154 :

« Les chemins de fer français font leurs transports plus chers que les pays voisins. Les Compagnies P.-L.-M. et de l'Est ont promis des réductions de tarifs sur lesquelles compte l'industrie, *malheureusement* ce ne sont que des *promesses* qui ne sont pas *insérées* dans *le texte des Conventions.* »

Gazette de Francfort :

« M. J. Gros, député du Doubs, s'exprimait ainsi dans une lettre adressée *au Petit Comtois* au commencement de 1886 :

« Je demanderai si l'on peut admettre que sous prétexte de compenser des abaissements de tarifs, on en relève d'autres de manière à *affamer* toute une région. C'est avec intention que je me sers de ce mot « *affamer* » qui est excessif en lui-même, car on dirait vraiment qu'on a voulu couper les vivres à cette région de l'Est dont je fais partie. »

L'assertion du journal allemand était tellement vraie, que voici en quels termes la Compagnie P.-L.-M., mise en demeure par un successeur de M. Raynal de remplir tous les engagements pris en 1883, répondait par une fin de non-recevoir à cette invitation :

« Vous nous demandez des modifications au projet de tarifs. Le premier point dont nous ne pouvons, malgré toute notre volonté, vous laisser espérer l'acceptation, c'est le barême n° 1 de la grande vitesse que nous avions cru pouvoir promettre dans notre *lettre* de 1883, et que nous ajournons à des temps meilleurs. »

« Voilà, dit Perdrié (p. 160), le cas que font de leurs engagements nos nos honorables Compagnies :

» Peut-on trouver preuve plus convaincante de leur duplicité et de leur légèreté ou de la..... complicité du Ministre de 1883? »

Extrait du compte rendu du *Journal officiel,* séance de la Chambre du 26 juillet 1883 :

« MONSIEUR LE MINISTRE DES TRAVAUX PUBLICS. — Je suis absolument d'accord avec l'honorable collègue auquel je réponds. Il a été stipulé *formellement* entre le Ministre des travaux publics et les Compagnies auxquelles reviennent certains tronçons du réseau de l'État, que tous les employés du réseau de l'État passeront au service des Compagnies et qu'au cas de renvoi il leur sera alloué précisément le montant de la somme qui a été réclamée par M. de Saint-Martin. Si cette stipulation ne figure pas dans les Conventions, elle n'en a pas été moins l'objet, non seulement de déclarations formelles, mais encore de communications *écrites* entre le Ministre et les Directeurs des Compagnies. Dans ces conditions je demande à M. de Saint-Martin, puisqu'il a complète satisfaction, de retirer son amendement.

» M. de SAINT-MARTIN. — Je n'attendais pas moins de M. le Ministre et je m'empresse de retirer mon amendement. »

Le *Petit Centre,* dont le siège social est à Limoges, 11, rue Turgot, a publié, sur le renvoi des employés de l'État, des articles dont nous comptons tirer parti (n°ˢ des 27 et 28 décembre 1884, 29, 30, 31 janvier, 4 février et 2 octobre 1885).

Extrait du discours de M. PELLETAN :

« Mais si je n'entendais pas nos honorables collègues, MM. Raynal et Rouvier, nous affirmer qu'ils sont restés parfaitement conséquents avec eux-mêmes, nous ne pourrions nous défendre d'une certaine impression que vous me permettrez de traduire sous une forme suggérée par les questions que nous traitons.

» Nous pensons que s'il y a un chemin sur lequel on n'a pas à craindre aujourd'hui les déficits kilométriques, c'est assurément le chemin de Damas...

On y voyage en express... Messieurs, le public croira difficilement à des vertus si chrétiennes. (On rit.)... Nous, nous voyons les grandes Compagnies employer, pour faire voter les Conventions, *tous* les moyens de propagande, et je rends justice aux grandes Compagnies, je reconnais qu'elles sont extrêmement *persuasives*... Personne n'ignore que les grandes Compagnies font une grande propagande qui leur coûte de certaines sommes... Elles donnent aussi leurs livres pour rien; elles offriraient même volontiers leurs rafraîchissements en sus... Ce n'est un mystère pour personne que cela coûte extrêmement cher, plusieurs millions peut-être par an, ce qui laisse à supposer. *Car je ne crois pas qu'il y ait d'autres dépenses comprises dans les frais de publicité,* que les imprimeurs chargent beaucoup la note des grandes Compagnies... Ces hautes puissances ont défendu leurs intérêts par les moyens les plus divers. Quels sont ces moyens? Quel concours, je dirai presque quelle *complicité* ont-elles pu trouver? *C'est là ce que je ne veux pas rechercher...* Il y a un lendemain à cette politique.

» M. CLÉMENCEAU. — Après nous le déluge! » (Année 1883, *Journal officiel,* Chambre, 22 juillet, *pass.,* n° 163.)

Extrait du discours de M. THÉVENET, député, aujourd'hui Ministre de la justice :

« Je citerai les paroles qui ont été prononcées soit à la Chambre, soit au Sénat, et qui semblaient indiquer l'esprit qui devait présider à la rédaction des nouveaux tarifs. Et ce point précisé, j'examinerai si les promesses qui ont été incontestablement faites, ont été réalisées dans la pratique. Je me demanderai si cette réalisation correspond bien exactement à ces promesses, et j'espère vous démontrer qu'on a beaucoup attendu des Compagnies de chemin de fer et qu'on a très peu obtenu d'elles... M. Raynal disait : *J'affirme* devant la Chambre que partout où il y aura des courants commerciaux il n'y aura pas... d'augmentation de taxes. Cette *promesse,* qu'on se croyait en droit de faire, *n'a point été tenue.* Oh! sans doute, on aurait pu traiter ces questions de *tarifs* en même temps que la question même qui devait faire l'objet des Conventions.

» M. DELHOU. — On aurait dû le faire...

» M. ARMAND-RIVIÈRE. — On ne l'a pas voulu...

» M. THÉVENET. — On aurait dû le faire. » (Année 1886, *Journal officiel,* Chambre, 22 février, *pass.,* n° 25.)

Extrait de discours de M. RAYNAL, prononcés à la Chambre, dans les séances des 18 et 19 juillet 1883, rapportés dans la discussion parlementaire du 23 février 1886 à la Chambre des députés :

« La Chambre de commerce de Paris a demandé que les promesses d'établissement de tarif contenues dans les lettres annexées aux Conventions soient insérées dans les Conventions elles-mêmes. Ce que je tiens à dire, c'est que « *je considère comme des offres fermes ce qui est dans les lettres des Compagnies.* »

» Quand une Compagnie comme le P.-L.-M. dit dans ses lettres : « Je » m'engage à réduire de 15 0/0 les transports Grande-Vitesse; de 10 0/0 le » prix du transport des denrées alimentaires; de 7 à 10 0/0 celui des céréales; » de 10 0/0 environ celui de la houille..... » Je dis qu'en présence de telles offres, qui ont à mes yeux la valeur d'engagements qui deviendront définitifs par la sanction, par l'homologation ministérielle, il n'est pas exact de prétendre qu'il n'y a rien de fait au point de vue de l'abaissement des tarifs! » (Année 1886, *Journal officiel*, Chambre, 23 février, *pass.*, nº 27.)

Discours de M. C. PELLETAN. (Interpellation *Thévenet* et *Jamais*):

Incident des transports militaires pendant la guerre (p. 490-91). Relèvements de tarifs défavorables à l'agriculture; exemples nombreux. (Année 1886, *Officiel*, Chambre, 16 mars, nº 24.)

Extrait du discours de M. VACHER, député:

« L'Orléans, pour transporter le charbon anglais de Bordeaux à Limoges, fait payer un tarif de 38 millimes la tonne, tandis que pour transporter le charbon français de Lavaveix-les-Mines dans le département de la Creuse, à une distance de 100 kilomètres, le tarif est de 5 centimes, par conséquent de *12 millimes plus élevé que celui qui est appliqué aux charbons anglais.* » (*Officiel*, 23 mars, nº 51.)

Extrait d'un troisième discours de M. C. PELLETAN:

« Le dividende de la Compagnie du Midi a été porté de 40 à 50 0/0 pour 250,000 actions. C'est un cadeau de 2 millions et demi... M. Raynal nous disait, lorsqu'il nous a fait voter, en 1883, la convention avec le Midi, que cela ne tirerait pas à conséquence; mais c'est un cadeau de deux millions que nous lui avons fait!

» Quand nous mettons M. Raynal en présence des déclarations de la Compagnie de Lyon, qui dit audacieusement dans un texte que nous avons cité : « Oui, j'ai fait une promesse, mais je n'ai pas l'intention de la tenir. » Celui-là même *qui s'est porté garant de cette promesse devant la Chambre et qui a obtenu le vote des Conventions par cette garantie,* répond ces mots étranges, que le *Journal officiel* constate : « Ah ! le P.-L.-M. ne veut plus tenir ses promesses : eh bien, il a tort ! — Il a tort ! M. Raynal est bien bon de nous l'apprendre ; *mais nous avions autre chose à attendre de l'auteur des Conventions...*

» Ou bien l'engagement n'avait pas de sanction, et alors il ne fallait pas donner comme sérieuse à la Chambre une promesse que les Compagnies pouvaient déchirer le lendemain, sans autre inconvénient que d'avoir tort !

» Ce que je dis s'applique particulièrement au remboursement des dettes des Compagnies vis-à-vis de l'État. *C'est la mystification la plus énorme* qu'on ait jamais fait accepter par une Chambre. Hier vous aviez sur le Midi une créance de 34,000,000 gagée sur le matériel ; aujourd'hui, *par un procédé d'escamotage* particulier, vous n'avez plus qu'un million et demi. Les dix-neuf vingtièmes de cette dette se sont évaporés.

» Je vois bien le profit des Compagnies dans l'opération, mais je défie qu'on m'y montre pour l'État un centième de bénéfice ! » (Année 1886, Chambre, 27 mars, *pass.*, n° 52.)

Journal des Minerais et Métaux, numéro du 2 août 1883 (35, boulevard du Temple, Paris.)

« La France, épuisée par des achats de chemins de fer genre Saint-Bonnet-le-Château à Bondon, doit se soumettre à son tour aux *Conventions,* ce nouvel expédient de M. le Ministre Tirard et de ses nouveaux amis Raynal, Baïhaut, Rouvier et autres ! »

Même journal, numéro du 11 novembre 1883 :

« D'après le décret d'achat par l'État de la ligne de Saint-Bonnet-le-Château à Boudon (décret du 28 avril 1882), M. Lacroze devait toucher 2,500,000 fr. immédiatement et 500,000 fr. six mois après la livraison. . . Bien que je fusse parfaitement au courant de tout ce qui s'est passé au sujet de ce deuxième rachat, et que M. Lacroze ait fait un assez beau bénéfice sur cette ligne qui ne lui avait coûté que 30,000 fr. (trente mille), M. le Président de la troisième chambre admet que la valeur des actions du chemin de fer de Saint-Bonnet-le-Château pourra atteindre 200 fr. Le député protecteur de M. Lacroze a fait faire en vérité une bien magnifique affaire aux amis auxquels il a conseillé d'acheter le plus possible de ces actions, alors qu'elles ne valaient que 15 à 20 fr.

» Et pendant que nous gaspillons notre budget aux achats de tels chemins de fer, *la haute finance emploie notre argent à faire les chemins de fer du nord de l'Espagne et les chemins de fer serbes* pour faciliter l'exécution du plan de nos concurrents. »

Même journal, n° du 26 juillet 1883 :

« Dans tous les cas, il n'y a qu'à parcourir les journaux financiers rédigés par les sociétés dites de crédit pour se faire une idée exacte de *l'anxiété* avec laquelle *tous les tripoteurs* attendaient le vote de ces Conventions. Ces tripoteurs surtout sont d'accord avec MM. Tirard, Baïhaut, Raynal et Rouvier pour reconnaître que le rejet des Conventions eût produit un effondrement de tout ce qui est déjà si vermoulu ! ! »

Même journal, du 12 juillet 1883 :

« Pendant que M. Raynal disait que les Conventions seraient le salut du crédit de l'État, un simple négociant prévoyait la triste réalité, et la prédisait en ces termes (à la date du 12 juillet 1883) : « Il est notoire que par » suite de ces Conventions, la construction par les grandes Compagnies du » réseau Freycinet imposera de nouvelles charges à notre budget, et que ces » charges nouvelles se chiffreront à 200,000,000 *(deux cents millions)* par » an pendant soixante ans; notre pays devra supporter deux cents millions » d'impôts supplémentaires du fait de ces Conventions, qui engagent l'État » pour une somme de plus de *cinq milliards! !* » (Discussion de la Chambre des députés, du 3 juillet 1883, sur le chemin de fer du Sénégal.)

Même journal, n° du 8 juillet 1883 :

« Cet article me paraît être bien peu opportun après la grande discussion du 3 courant à la Chambre des députés à propos du *Petit chemin de fer du Sénégal,* dont les 16 kilomètres nous coûtèrent, d'après M. le Vieille, député, *16 millions,* et la démission successive de gouverneurs comme le colonel Canard, le commandant Wallon, le commandant L'Estienne. Ces officiers partirent avec les mêmes impressions et les mêmes sentiments de dégoût, ne voulant pas, comme l'écrivait l'un d'eux, le commandant Wallon, « *s'associer une heure de plus à une œuvre mauvaise et irréalisable.* »

» La lecture de cette discussion est encore plus triste et aussi édifiante que celle du 22 juin, au sujet des chemins de fer algériens et corses. Les discours et surtout les interruptions témoignent de la façon scandaleuse dont se traitent ces affaires de chemins de fer et travaux lointains.

» Voici ce que dit M. ROUVIER :

« Messieurs, je ne le cache pas, une partie des critiques qu'on a faites sont fondées; mais bien loin d'en tirer les mêmes conséquences que les adversaires du projet, je leur demanderai s'ils pensent qu'une entreprise de cette nature puisse s'accomplir sans une certaine dose d'aléas, sans un certain coulage, *sans même un certain gaspillage!* »

Chambre des Députés.   Paris, le 6 novembre 1888.

« Monsieur,

» Je vous envoie, sous ce pli, la pièce dont j'ai parlé à M. Numa Gilly, et qui fut transmise au journal *l'Union républicaine,* aujourd'hui *le Progrès républicain de la Corrèze.* Nous refusâmes d'insérer ces articles en faveur des grandes Compagnies.

» Signé : VACHER. »

En travers, écrit de la main de M. Vacher : « Les grandes Compagnies » n'opèrent pas elles-mêmes. »

SOCIÉTÉ ANONYME DE PUBLICITÉ
au capital de 100,000 francs.
Ancienne Société Von Hoven et Ce,
52, rue d'Aboukir, PARIS.

Le 15 juin 1883.

« Monsieur le Directeur de l'*Union républicaine* (Brive).

» Nous vous avons adressé fin avril dernier un article sur les chemins de fer, pour lequel nous n'avons jamais reçu de justification d'insertion.

» Nous vous en remettons un autre ci-joint, vous demandant de vouloir bien nous dire par prochain courrier, si possible, s'il vous convient et quel sera le prix de l'insertion.

» Aussitôt votre réponse, nous vous enverrons le montant en un mandat-poste, si vous le désirez.

» En attendant votre réponse, nous vous présentons, Messieurs, nos salutations empressées.

» Signé : P.-M. VON OTEN.

» Signé : MEUSNIER. »

A gauche de la lettre ci-dessus se trouve une liste de soixante-sept journaux, et en note M. Vacher écrit ceci : « *Tous ces journaux appartiennent* » *par traité pour toute leur publicité à l'Agence.* »

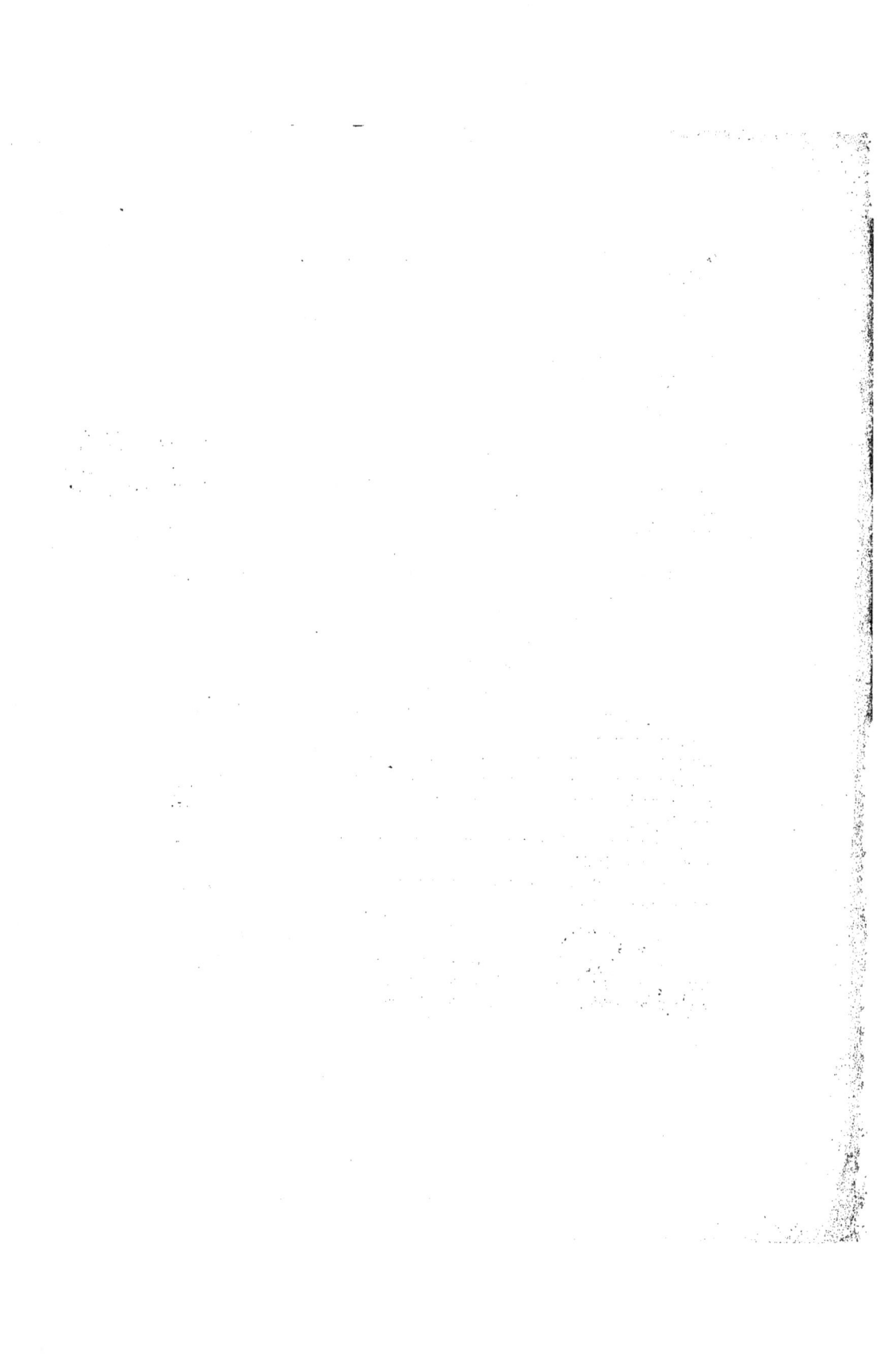

PIÈCES ET DOCUMENTS

Notifiés par M. VILLETTE au sieur SAVINE

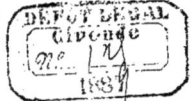

Paris, le 26 juin 1876.

MONSIEUR LE PRÉSIDENT,

Après nos entretiens sur les difficultés et les résistances que rencontre à Bordeaux l'application de la police d'abonnement à l'éclairage au gaz, et sous la réserve des droits des consommateurs, de votre Compagnie et de l'administration municipale, j'ai l'honneur de vous demander de vouloir bien résumer par écrit les modifications auxquelles vous consentiriez.

Vous m'avez exprimé le désir qu'une entente puisse s'établir au plus vite et vous savez que tel est aussi le mien, sans recourir de part ni d'autre à l'intervention de la justice. Pour que ce désir commun se réalise, il faut que je présente au Conseil municipal et aux intéressés des résolutions nettement arrêtées entre nous et conformes au cahier des charges, sauvegardant à la fois vos intérêts et ceux de la population que nous représentons. C'est dans ce but que je vous prie de formuler par écrit votre réponse sur les points sur lesquels nous étions d'accord hier, et tous autres qui vous paraîtraient de nature à amener l'accord projeté.

Veuillez agréer, etc.

Bordeaux, le 28 juin 1876.

A Monsieur le Sénateur-Maire de la ville de Bordeaux.

MONSIEUR LE MAIRE,

Par votre lettre du 26 de ce mois, vous nous faites l'honneur de nous demander de résumer par écrit les modifications qu'il serait possible d'apporter à l'application de notre police d'abonnement et qui ont fait l'objet de nos entretiens, sous toutes réserves des droits de l'Administration municipale, des consommateurs et de notre Compagnie.

1

Nous n'avons pas besoin de rappeler ici les longues discussions auxquelles la police a donné lieu entre votre Administration et notre Compagnie, ni les modifications successives que le projet primitif, qui n'est autre que le modèle adopté par les administrations municipales de presque toutes les villes de France, a dû subir, avant de recevoir votre approbation ; nous n'avons pas non plus à rechercher aujourd'hui quelles seraient les chances des parties qui voudraient s'adresser à la justice.

Pour nous, la police et le cahier des charges créent une situation entière avec un ensemble de droits et de charges pour notre Compagnie, et nous ne saurions modifier les premiers sans apporter dans les dernières des modifications équivalentes.

A quelles difficultés d'ailleurs se heurte l'application de la police ? On élève des objections sur le prix de location des compteurs, sur celui des branchements et sur la stipulation de l'article 8. Ce dernier article nous a paru être plutôt dans l'intérêt des consommateurs que de notre Compagnie. Il est donc tout naturel que nous n'insistions pas sur son maintien.

Pour les compteurs, tout en maintenant le droit de nous servir des prix de la police, nous consentirions cependant, si ce sacrifice pouvait mettre fin à la situation à laquelle nous cherchons d'accord avec vous une solution amiable, à conserver les tarifs usités par l'ancien concessionnaire.

Vous remarquerez que la somme annuelle de 57,000 francs formant la différence entre les deux tarifs, serait pour notre Compagnie un sacrifice considérable sans aucune espèce de compensation.

Quant aux branchements, vous savez, Monsieur le Maire, que le prix de un franc par mois comprend, en réalité, deux éléments : 50 centimes pour l'entretien, le graissage et le remplacement du robinet de sûreté extérieur, et 50 centimes pour le branchement proprement dit.

Ces prix, qui forment une moyenne entre les branchements de différents calibres et de différentes longueurs, sont excessivement modérés et inférieurs à ceux en usage dans des grandes villes de France.

A Paris, la location seule du branchement varie, suivant les diamètres, de 1 à 4 francs par mois. S'il vous paraissait préférable de substituer un tarif variable au tarif unique, nous accepterions l'échelle suivante :

0 fr. 60 c. par mois pour les abonnés ayant un compteur à 3 becs.
0 fr. 80 » » » 5 »
1 fr. 25 » » » 10 »
1 fr. 75 pour les autres.

Nous supprimerions aussi le droit de 10 francs à l'entrée en jouissance.

Il résulterait, il est vrai, de ces modifications, une perte que nous ne pouvons évaluer à moins de 14,000 fr. par an ; c'est un second sacrifice que nous ferions dans le but de vous prouver notre désir de maintenir les meilleurs rapports avec votre administration.

Nous ne demanderions à celle-ci en retour que de prolonger de dix-huit mois les délais pour l'achèvement de la canalisation nouvelle. Notre unique but, en demandant cette prolongation, serait d'avoir plus de temps pour étudier la meilleure distribution du travail, ce qui est dans l'intérêt de la Ville, puisque celle-ci doit en devenir propriétaire, et aussi d'épargner aux habitants les inconvénients résultant de l'ouverture d'un trop grand nombre de tranchées à la fois.

Si ces concessions ne paraissaient pas de nature à atteindre le but que nous poursuivons, nous vous proposerions une mesure plus générale et qui nous paraît hautement désirable au point de vue de tous les intérêts. Ce serait la substitution d'un cahier des charges nouveau à celui qui existe aujourd'hui.

Les bases de ce nouveau traité pourraient être les suivantes :

Durée du contrat : quarante années, à l'expiration desquelles la Ville deviendrait propriétaire des usines et du matériel ;

Prix du gaz pour les particuliers : 0 fr. 22 le mètre cube et abandon pour la Compagnie de toute redevance pour les robinets et les branchements ;

Prix du gaz pour la Ville et pour tous les bassins municipaux au prix de revient de la Compagnie, sans toutefois pouvoir dépasser 0 fr. 10 ;

Partage entre la Ville et la Compagnie des bénéfices après l'amortissement et l'intérêt à 8 0/0 des capitaux engagés.

Vous avez bien voulu dans nos entretiens accepter le principe de l'une ou l'autre des combinaisons que nous avons résumées ci-dessus ; mais en attendant qu'il y soit donné suite, il a été bien entendu qu'aucun abandon des droits actuels ne résulterait de leur examen.

Veuillez agréer, Monsieur le Maire, l'assurance de mes sentiments très distingués.

L'Administrateur délégué,
Signé : OPPENHEIM.

Bordeaux, 30 juin 1876.

MONSIEUR L'ADMINISTRATEUR DÉLÉGUÉ,

Après avoir communiqué aux membres de l'Administration et du Conseil municipal la lettre que vous m'avez fait l'honneur de m'écrire et dans

1.

laquelle vous avez résumé les modifications qui pouvaient être amiablement apportées à la police d'abonnement, j'ai acquis la certitude que la majorité de la population les trouverait insuffisantes. De toutes parts m'est arrivée la preuve que d'autres modifications devaient être faites pour mettre cette police en harmonie avec l'état des charges qui en est la règle exclusive.

Dans cette situation, quatre membres du Conseil, MM. Dormoy, adjoint, Daney, Valleton et Trarieux, ont accepté de venir de nouveau vous signaler les inconvénients et le danger de la situation et l'urgence d'y apporter un remède. MM. les conseillers vous diront de vive voix quelle est la nature et la limite extrême de l'arrangement que nous offrons à votre Compagnie et qui mettra fin aux contestations unanimes soulevées par la police.

J'exprime le désir, aussi bien dans votre intérêt que dans celui de l'Administration municipale, que cette démarche soit favorablement accueillie par votre Compagnie, et, permettez-moi de le dire, je l'espère sincèrement.

MM. les délégués descendront au Grand-Hôtel, où ils arriveront demain samedi, vers cinq heures. Ils s'y tiendront à votre disposition; et, dans tous les cas, ils auront l'honneur de se présenter le lendemain dimanche, à neuf heures du matin, au siège social de la Compagnie, rue Louis-le-Grand, 19.

Veuillez, etc.

E. F.

La Victoire, 4 juillet 1876.

LA QUESTION DU GAZ.

La *Gironde,* dans son numéro d'hier. . . . . (article sans importance.)

La question du gaz, qui est véritablement la question d'Orient de Bordeaux, après avoir subi une crise aiguë qui menaçait d'emporter le malade, est entrée depuis avant-hier dans la phase diplomatique.

Nous avions jusqu'aujourd'hui, quoique connaissant à fond par le gros et par le menu cette triste affaire, gardé une réserve que nous ne chercherons pas à excuser. Il nous paraissait, en effet, que si un organe républicain avait qualité pour défendre l'Administration contre les attaques violentes de la *Province,* c'était la *Gironde.* Ce journal, par son format qui est ample, par le mérite de ses rédacteurs qui est rare, par ses prétentions journellement affichées à diriger et éclairer l'opinion publique de notre ville, par ses 27,500 lecteurs enfin, possédait seul (c'était notre sentiment) l'autorité suffisante pour parler haut et faire justice des calomnies intéressées que les feuilles réactionnaires ramassent au coin de toutes les rues et jettent chaque jour à la tête de nos magistrats élus.

La *Gironde* eût ainsi rempli son rôle naturel, et puisqu'elle s'était spontanément placée au premier rang hors pair de la presse locale, il lui appartenait de soutenir dignement l'éclat d'une telle situation.

Or, la *Gironde* qui n'aime pas le combat et qui au jour de danger se rappelle à propos que la modestie est une vertu, la *Gironde* a, il faut bien le dire, observé dans cette affaire qui préoccupe à bon droit et surexcite au plus haut point l'opinion locale, une attitude embarrassée, vague, louche, tranchons le mot, piteuse.

Elle a parlé un peu de temps en temps parce qu'elle ne pouvait absolument garder le silence, ayant un grand nombre d'abonnés éclairés, mais elle a pris un soin jaloux de parler pour ne rien dire, pataugeant dans les circonlocutions, s'empêtrant dans les périphrases, et si l'on s'en tenait à ses articles pour connaître ce qui en est de la question du gaz, bien sûr on n'y comprendrait rien.

Nous craignons fort que le prestige de la vénérable feuille, déjà fort diminué par sa malencontreuse campagne électorale, ne s'éclipse tout à fait et n'aille rejoindre les prestiges éteints : le prestige Bourbeau, le prestige Buffet, le prestige Pascal, enfin (ô Jéhovah !) le prestige Raynal.

Laissons donc, hélas! radoter l'aïeule, et disons pourquoi nous n'hésitons plus aujourd'hui à sortir de la réserve que nous nous étions imposée et dont nous venons d'avouer franchement le motif. La séance officieuse du Conseil municipal, dont nous avons publié hier les incidents principaux, est connue de toute la ville, et la *Gironde*, avec une prudence comique, a beau en faire un mystère, ce qui s'y est dit est le secret de Polichinelle.

Nous voici donc déliés, aussi bien à l'égard de la *Gironde*, à laquelle nous avions voulu céder le pas, qu'à l'égard de l'Administration qui a elle-même expliqué ses actes.

La responsabilité tout entière de l'acte administratif qui a permis à la Compagnie du gaz d'appliquer à ses abonnés un tarif absolument arbitraire, revient à M. Fourcand lui-même, qui, avec une loyauté qui l'honore, a revendiqué cette responsabilité et par là déchargé ses adjoints des accusations, trop passionnées pour être sérieuses, de la *Province*.

Il ne s'agit point ici d'incapacité, ni même de lourde incurie; le vrai, c'est que la religion de M. Fourcand a été surprise, qu'il a ratifié le tarif qui lui était soumis dans la pleine foi que ce tarif comportait des augmentations d'une part, des diminutions de l'autre, se balançant et se compensant parfaitement ou à peu de chose près.

Sans doute le maire de Bordeaux a eu le tort de ne point soumettre à un examen complet le tarif que les agents de la Compagnie, avec un empresse-ment qui fait honneur à leur zèle d'employés et à leur intelligence de com-merçants, le pressaient de signer sans délai, prétextant l'urgence extrême. Il eût vu ce qu'il n'a vu qu'après (trop tard), que si la Compagnie dégrevait quelques compteurs (ceux de 500 et 1,000 becs et au-dessus), en revanche elle chargeait de droits accessoires les petits compteurs, qui sont la majo-rité. Il eût vu qu'au droit fixe de 20 francs pour branchements une fois payés, la Compagnie substituait habilement une prime mensuelle de 1 fr. 50 payable pendant toute la durée de la police.

Il n'a pas vu ces choses, parce qu'il n'a pas examiné attentivement les clauses habilement arrangées du tarif; là est son tort, un tort grave assuré-ment, et dont il est le premier à reconnaître et à déplorer les conséquences.

Mais est-ce à dire pour cela que la bonne foi de M. Fourcand puisse une minute être suspectée? Est-ce à dire qu'il vient là de fournir une preuve de son inaptitude à gérer les affaires municipales? Nous qui, comme tous nos concitoyens, avons été à même, depuis huit ans, de voir à l'œuvre notre maire élu, nous qui savons quelle prudence, quel tact, quelle intelligence pratique M. Fourcand n'a cessé de mettre au service de l'administration des intérêts politiques et économiques de la Ville, irons-nous, suivant en aveugle les instigations d'un personnage archi-éminent, dont la rancune est trop fraîche pour se dissimuler, accuser M. Fourcand tout ensemble de mauvaise foi et de je ne sais quelle perfidie bête, d'incapacité radicale? Ce serait, en vérité, plus que de la rigueur, ce serait de l'injustice.

Ah! nous comprenons bien la joie, un peu trop bruyante cependant, de tous ces administrateurs déconfits qui s'agitent dans les bureaux de rédac-tion de la *Province*.

Nous comprenons l'indignation feinte de ces grands hommes de hasard, tombés misérablement les quatre fers en l'air, sous le poids accumulé de leurs fautes, vexés de ne plus rien être, crevant d'ennui de ne pouvoir plus se rengorger officiellement dans leurs faux-cols, comme des paons dans leurs collerettes!

Mais ni leurs grands airs indignés, ni leurs efforts pour grossir l'affaire du gaz et lui donner les proportions d'une catastrophe sociale, n'abuseront l'opinion publique.

L'opinion publique sait ce qu'elle doit à M. Fourcand et à sa vaillante administration. Sans doute, ils se sont quelquefois trompés; sans doute, certaines de leurs mesures ont donné prise à la critique; et notamment, en cetle affaire du gaz, M. Fourcand a agi avec trop de précipitation et pas assez d'attention.

Mais allons-nous pour cela, et alors que nos magistrats muncipaux s'efforcent d'atténuer la portée de l'acte incriminé, les décréter de suspicion et les jeter aux gémonies?

Rappelons-nous la Commission imposée, rappelons-nous M. de Pelleport et ses pompes et ses œuvres, et convenons que si notre Administration a involontairement commis quelques fautes, elle a rendu, elle rend chaque jour trop de services, pour que nous lui refusions le bill d'indemnité auquel elle a droit.

Bordeaux, 17 juillet 1876.

MONSIEUR LE SÉNATEUR-MAIRE DE BORDEAUX,

J'ai l'honneur de vous remettre ci-joint les renseignements que vous m'avez demandés, relativement à la police d'abonnement du gaz.

Ces renseignements comprennent :

1° Une police modifiée conformément aux propositions faites à M. Oppenheim par vos délégués Dormoy, Daney, Valleton et Trarieux ;

2° Un tableau de la somme annuelle que produiraient à la Compagnie les droits qui lui seraient concédés.

Ces droits, pour nous, le cahier des charges à la main, sont incontestables ; mais comme ils n'attendraient en rien les anciens abonnés et que pour les nouveaux ils ne seraient que la continuation de ce qui existait depuis longtemps déjà, sans jamais avoir amené aucune réclamation, nous estimions qu'ils seraient acceptés par la population comme une chose juste et raisonnable et que la Compagnie n'aurait de ce chef à redouter aucune revendications. Il y aurait donc, croyons-nous, grand intérêt à ce que ces Messieurs voulussent bien accepter ces propositions qui, dans un procès, auraient peu de chances d'être maintenues.

Le chiffre de 37,900 fr. sera peut-être discuté par M. Oppenheim, qui dit qu'il faut en retrancher le prix de pose des compteurs, qui en tout état de cause devait être acquis à la Compagnie.

Ce prix, pour les 400 compteurs qui se poseront annuellement, est . . . . .F. 3,092 25
Ce serait donc, net 34,807 75

Cependant, nous n'acceptons pas cette différence et l'article 3 de la police dit bien que le prix de la pose ne doit être payé *que par les abonnés qui*

s'adresseraient à d'autres fournisseurs que la Compagnie. Or, le prix de location des compteurs étant maintenu à l'ancien tarif, personne n'aurait d'intérêt à se pourvoir ailleurs.

Il n'y aurait donc de ce chef aucun bénéfice pour la Compagnie, et le chiffre de 37,900 fr. est bien réellement le bénéfice annuel que vous offrirez.

Veuillez agréer, Monsieur le Maire, l'assurance de mon profond dévouement.   VALLETON.

Versailles, le 22 juillet 1876.

MONSIEUR ET HONORÉ COLLÈGUE,

Je m'empresse de répondre à la lettre que vous m'avez écrite relativement au modèle d'assurance pour les abonnements avec la Compagnie de l'éclairage au gaz de Bordeaux. D'après l'article 30 du cahier des charges, « les polices en vertu desquelles seraient souscrits des abonnements, devront être conformes à un modèle approuvé par l'Administration municipale. » Les abonnés se plaignent de ce que le modèle approuvé par l'Administration municipale autorise la perception d'un droit de branchement qui n'est pas prévu par le cahier des charges, et soutiennent que l'Administration municipale a excédé ses pouvoirs en autorisant, par l'approbation du modèle d'abonnement, une taxe qui ne serait pas légale. Cette réclamation a été approuvée par une délibération du Conseil municipal de Bordeaux en date du 11 juillet 1876. Je ne rechercherai pas si la taxe du branchement est loyale ou ne l'est pas, ce point est fort contesté et ce n'est pas la difficulté sur laquelle vous désirez avoir notre avis. Ce que vous désirez savoir, c'est la marche qu'il y aurait à suivre pour revenir sur l'approbation que vous avez donnée à la police d'abonnement, s'il était admis que la taxe de branchement a été indûment imposée. C'est dans cette hypothèse que je me placerai et je me demanderai quel est le moyen de revenir sur l'approbation que vous avez donnée au modèle, s'il est démontré que vous avez excédé vos pouvoirs en sortant du cahier des charges.

Il s'agit ici d'une matière placée sous votre vigilance et votre autorité par le cahier des charges, en particulier par l'art. 30 et, par suite, par la loi; car la loi générale veut que le Maire exécute les contrats légalement approuvés dans lesquels la commune joue le rôle de partie contractante. Or, d'après l'article 11 de la loi du 18 juillet 1837, le Maire prend « des arrêtés à l'effet 1° d'ordonner les mesures locales sur les objets confiés » par les lois à sa vigilance et à son autorité.

Ces arrêtés peuvent être ou généraux ou individuels. Dans le premier cas ce sont des règlements municipaux, et dans le second ce sont des actes administratifs spéciaux.

Qu'ils soient généraux ou individuels, ils peuvent être annulés par le Préfet. « Les arrêtés pris par le maire, dit le § 2 de l'art. 11, sont immédiatement transmis au sous-préfet. Le Préfet peut les annuler ou en suspendre l'exécution. »

C'est par application de cet article que dans l'affaire dont vous m'avez parlé, je décide que le Préfet de la Gironde peut annuler l'arrêté municipal qui approuve le modèle de police d'abonnement. Si l'annulation est prononcée, il y aura lieu de vous proposer un nouveau modèle sur lequel vous pourrez vous prononcer en connaissance de cause.

Agréez, Monsieur et honoré Collègue, l'assurance de mes sentiments dévoués.

Signé : BATBIE.

P. S. — Je vous remettrai le compte rendu de la séance du Conseil municipal de Bordeaux à la première séance du Sénat.

Bordeaux, le 6 décembre 1888.

MONSIEUR LE TRÉSORIER GÉNÉRAL,

A mon retour de Paris, où j'avais été conférer avec M. le Ministre de la guerre pour l'École militaire de santé, je trouve votre lettre, datée du 1er du courant, à laquelle je m'empresse de répondre.

1° L'adjudication publique de la concession du gaz a eu lieu à Bordeaux, le 10 novembre 1874, sous l'administration de M. de Pelleport.

2° Conformément à l'article 30 du cahier des charges, la police en vertu de laquelle devaient être souscrits les abonnements particuliers fut signée le 23 mai 1876. Elle fut résiliée, et on lui substitua un nouveau traité en date du 28 juillet 1876; c'est celui qui nous régit actuellement.

Ces deux traités portent la signature de M. Émile Fourcand, qui était maire de Bordeaux à cette époque.

3° L'administration de M. Fourcand fut remplacée, le 3 février 1874, par l'administration imposée de M. de Pelleport. Vous étiez alors premier adjoint.

4° Le Conseil municipal a été remplacé le 13 juin 1874 par une commission municipale.

5° Vous avez été élu conseiller municipal de Bordeaux aux dates suivantes : 7 mai 1871 ; 22 novembre 1874 ; 1ᵉʳ janvier 1877 ; nommé adjoint par le chef de l'État, le 18 mai 1871 ; le 3 avril 1876.

Tels sont, Monsieur le Trésorier général, les renseignements que je suis heureux de vous donner en cette circonstance ; je me tiens entièrement à votre disposition si vous en désirez de nouveaux.

Veuillez, Monsieur le Trésorier général, agréer l'assurance de mes sentiments les plus distingués.

Le Maire de Bordeaux,

Signé : BAYSSELLANCE.

A Monsieur Ch. Villette, Trésorier général, à Auxerre.

Bordeaux.—Imp. G. GOUNOUILHOU, rue Guiraude, 11.

www.ingramcontent.com/pod-product-compliance
Lightning Source LLC
Chambersburg PA
CBHW070755280326
41934CB00011B/2932